Inhalt

Ratingagenturen - wieso es nicht mit aber auch nicht ohne sie geht

Kernthesen

Beitrag

Fallbeispiele

Weiterführende Literatur

Impressum

GENIOS WirtschaftsWissen Nr. 04/2010 vom 06.04.2010

Ratingagenturen - wieso es nicht mit aber auch nicht ohne sie geht

G.Dengl

Kernthesen

- Strukturierte Anleihen die mit Hypotheken besichert waren erhielten von den Ratingagenturen bis zum Zusammenbruch des US-Immobilienmarktes stets Bestnoten. Mittlerweile wird vermutet, dass die Agenturen in einem Interessenkonflikt standen, zwischen zahlender Kundschaft und dem Recht der Öffentlichkeit auf unabhängige Bewertung.
- In der Griechenlandkrise zeigt sich nun erneut der ungeheure Einfluss der Agenturen auf den Finanzmarkt. Hätte

auch die letzte, der drei großen Ratingagenturen das Land noch herabgestuft, dann hätte Griechenland sich schlagartig nicht mehr refinanzieren können.
- Um die Gefahr, die von den bisher unkontrollierten Ratingagenturen ausgeht, einzudämmen gibt es derzeit verschiedene Vorstöße, darunter auch eine neue Gesetzesvorlage, die deren Überwachung auf europäischer Ebene regelt.

Beitrag

Warum es Ratingagenturen gibt

Ein Rating sagt aus, mit welcher Wahrscheinlichkeit ein Kredit innerhalb eines bestimmten Zeitraumes, wobei hier wird zwischen lang- und kurzfristigen Ratings unterschieden wird, ausfällt. Ganz gleich ob es sich bei dem Kreditnehmer um ein Unternehmen, einen Fonds oder einen Staat handelt.

Um ein Rating erstellen zu können, müssen zunächst einmal Informationen über den Schuldner gesammelt werden. Über die aussagefähigsten Informationen verfügt natürlich der Schuldner selbst. Er muss deshalb Informationen zur Verfügung stellen. Dies geschieht alles im Rahmen von beauftragten Ratings. Auf der anderen Seite hat der Markt auch einen Bedarf an Informationen über Schuldner, für die noch kein Rating existiert. Für diesen Fall werden von den Agenturen auch nicht-beauftragte Ratings erstellt; hier ist die Informationslage aber deutlich schlechter, und daher das Rating nicht so aussagekräftig. Investoren sind auf diese Informationen angewiesen, da sie sonst keinerlei Anhaltspunkte über die Kreditwürdigkeit potentieller Schuldner hätten.

Griechenland - alles steht und fällt mit einem Rating

Für Griechenland stand es Spitze auf Knopf. Da die Europäische Zentralbank nur Wertpapiere mit einem bestimmten Rating als Sicherheiten akzeptiert, kaufen Banken auch nur solche Griechenlandanleihen, die diese Anforderungen erfüllen. Hätte Moodys, in diesem Fall die letzte Ratingagentur, die Griechenland noch eine gute Zahlungsfähigkeit bescheinigte, das Rating ebenfalls angepasst, dann hätte Griechenland von einem Tag auf den anderen keine neuen Investoren mehr gefunden. (3)

Kritik an Ratingagenturen

Gerade bei Auftragsratings für Anleihen ist der Interessenskonflikt offensichtlich. Die Ratingagenturen werden zwar für ein "unabhängiges" Urteil bezahlt, de facto haben sie aber ein Interesse daran, die Geschäftsbeziehung möglichst lange aufrecht zu erhalten.
Bei den nicht beauftragten Ratings dagegen stellt sich die berechtigte Frage, wieso eine Ratingagentur mehr über einen Schuldner wissen sollte als andere Marktteilnehmer; die Risikoeinschätzung kann ja nur auf öffentlich zugänglichen Informationen beruhen. (6)

Kontrolle der Ratingagenturen durch die BaFin

Um die genannten Missstände auszuräumen, soll die Bundesanstalt für Finanzdienstleistungsaufsicht (BaFin) die Ratingagenturen künftig schärfer kontrollieren. Der aktuelle Gesetzentwurf sieht neue Standards für Ratingagenturen und Sanktionen vor. Ferner sind die EU-Mitgliedstaaten verpflichtet, wirksame und abschreckende Sanktionen festzulegen, als Vorbereitung auf eine europaweit einheitliche Überwachung. Der aktuelle Gesetzentwurf enthält einen Katalog von Bußgeldvorschriften, der bei Pflichtverstößen greifen soll. Wenn eine Agentur ein Unternehmen gleichzeitig berät und bewertet, dann drohen zukünftig Strafen in Millionenhöhe. (1)

Aussagefähigkeit von Staatenratings fragwürdig

Auffallend bei der Erstellung eines Staatenratings ist, dass die Goldreserven eines Staates offenbar keine große Rolle spielen. Würden die Goldreserven ins Verhältnis zu den Staatsschulden gesetzt, wäre das Ergebnis überraschend: Deutschland liegt hinter Bulgarien, Rumänien und Portugal. (2)
Auf der anderen Seite stellt sich die Frage, wie sinnvoll Staatenratings überhaupt sind, wenn man sich klar macht, dass Staaten - siehe Griechenland - im Notfall gerettet werden.

Trends

Anleihen ohne Rating

Eine steigende Zahl von Unternehmen verzichtet auf die Meinung von Ratingagenturen: 2009 kamen etwa fünf Prozent aller Anleiheemissionen ohne Rating auf den Markt; 2008 lag der Anteil von Anleihen ohne Note nur bei einem Prozent. Unter den Emittenten sind viele Gesellschaften, die sich erstmalig auf den Bondmarkt wagten. Weil sich die Agenturen ihre Bewertungen teuer bezahlen lassen, verzichten die Schuldner oft auf eine Ratingnote und zeigen damit, dass es auch ohne geht. (4)

Klage gegen Ratingagenturen zurückgewiesen

Bei einer Klage in Zusammenhang mit der Bewertung von Hypothekenanleihen der zusammengebrochenen Investmentbank Lehman Brothers haben die Ratingagenturen Moody's und Standard & Poor's einen Sieg errungen.
Der Kläger, ein Pensionsfonds, hatte den Agenturen einen Interessenskonflikt vorgeworfen, da die Agenturen die Wertpapiere nicht nur mit guten Bonitätsnoten ausgestattet, sondern auch mit erfunden hatten. Das Urteil könnte ein Präzedenzfall werden. Komplexe hypothekenbesicherte Anleihen standen im Zentrum der jüngsten Finanzkrise. Die Banken hatten die Agenturen für die Bonitätsbewertung der Anleihen bezahlt. (5)

Fallbeispiele

Kann die EZB die Ratingagenturen ablösen?

Die Macht der Ratingagenturen ist Zentralbankern und Politikern ein Dorn im Auge. Deshalb wird diskutiert, zumindest für Länderrisiken die Europäische Zentralbank (EZB) als Bonitätswächter einzusetzen.
Wieder einmal liefert Griechenland den Zündstoff. Dadurch, dass die EZB nur Wertpapiere ab einem bestimmten Rating als Sicherheiten akzeptiert, haben Ratingagenturen im Zweifelsfall einen Einfluss darauf, ob sich ein Land gerade noch bei der EZB refinanzieren kann, oder ob das nicht mehr geht. Bemängelt wird in diesem Zusammenhang nicht nur die Abhängigkeit, sondern vielmehr der Aspekt, dass sich die EZB nicht selbst ein Bild von der Risikosituation macht, sondern blind dem Urteil der Ratingagentur vertraut. (3)
Es stellt sich die Frage, ob die EZB wirklich geeignet ist, den Bonitätswächter zu spielen. Ein solches Rating müsste Transparenz und Unabhängigkeit gewährleisten.
Doch gerade was die Unabhängigkeit angeht, ist das

Risiko groß, auf politisches Glatteis zu geraten. Die EZB müsste besonders strenge Bewertungskriterien anlegen, um sich von diesem Verdacht frei zu machen. Aber dann hätte eine EZB die Griechen schon lange vor der jetzigen Diskussion herabgestuft. Massiver Ärger mit der Politik wäre unvermeidbar gewesen. (3)

Fitch senkt Portugal-Rating

Die Ratingagentur Fitch hat die Bonitätsnote für Portugals Staatsanleihen von AA auf AA- gesenkt. Die Herabstufung spiegelt das unerwartet hohe Haushaltsdefizit 2009 wider. Der negative Ausblick geht Fitch zufolge auf die Besorgnis über die mittelfristigen Auswirkungen der globalen Krise auf die Wirtschaft Portugals zurück. An den Märkten stiegen die Preise für Credit Default Swaps auf portugiesische Staatsanleihen, während die Kurse portugiesischer Aktien nachgaben. (7)

Weiterführende Literatur

(1) Kontrolle der Ratingagenturen
aus Frankfurter Allgemeine Zeitung, 06.03.2010, Nr. 55, S. 12

(2) Gold-Rating

aus WirtschaftsWoche NR. 003 VOM 18.01.2010 SEITE 095

(3) Zu glattes Eis
aus WirtschaftsWoche NR. 010 VOM 08.03.2010 SEITE 036

(4) Blind Date mit Bond Anleihen ohne Rating
aus Capital vom 01.01.2010, Seite 130

(5) Klage gegen Ratingagenturen zurückgewiesen
aus Frankfurter Allgemeine Zeitung, 28.01.2010, Nr. 23, S. 19

(6) Wie Ratingagenturen bisher reguliert werden
aus Financial Times Deutschland vom 11.01.2010, Seite 10

(7) Fitch senkt Portugal-Rating
aus Frankfurter Allgemeine Zeitung, 25.03.2010, Nr. 71, S. 19

Impressum

Ratingagenturen - wieso es nicht mit aber auch nicht ohne sie geht

Bibliografische Information der deutschen Nationalbibliothek

Die Deutsche Nationalbibliothek verzeichnet diese Publikation in der deutschen Nationalbibliografie; detaillierte bibliografische Daten sind im Internet über http://dnb.d-nb.de abrufbar.

ISBN: 978-3-7379-0496-4

© 2015 GBI-Genios Deutsche Wirtschaftsdatenbank GmbH, Freischützstraße 96, 81927 München, www.genios.de

Alle Rechte vorbehalten. Dieses Werk ist einschließlich aller seiner Teile – z.B. Texte, Tabellen und Grafiken - urheberrechtlich geschützt. Jede Verwertung außerhalb der Grenzen des Urheberrechtsgesetzes bedarf der vorherigen Zustimmung des Verlags. Dies gilt insbesondere auch für auszugsweise Nachdrucke, fotomechanische Vervielfältigungen (Fotokopie/Mikroskopie), Übersetzungen, Auswertungen durch Datenbanken oder ähnliche Einrichtungen und die Einspeicherung und Verarbeitung in elektronischen Systemen.